GRÉEMENTS
DES CÔTES DE FRANCE

Nous étions trois marins de Groix
Nous étions deux marins de Groix
(bis)
Nous étions trois marins de Groix
Embarqués sur le Saint-François
Qui allait de Belle-Île à Groix
Mon matelot, le mousse et moi
Amis comme il n'y a pas trois doigts

Vint à venter grain de noroit
À faire céder notre grand mât
« Jean-Pierre dis-je matelot
Serrer de la toile qu'il nous faut ! »
« Ce failli temps ne mollira pas
Je prends la barre vas-y mon gars »...

PHOTOGRAPHIES
Michel Thersiquel

Nous étions trois marins...

Gréements des Côtes de France

TEXTES
Daniel Gilles

Cet ouvrage a été réalisé
à partir du fonds iconographique
et avec la collaboration du
Chasse-Marée
Les légendes sont
de la rédaction de la revue.

ÉDITIONS DU CHÊNE

SOMMAIRE

Un exceptionnel patrimoine maritime

La France observe le large avec d'exceptionnelles capacités. Elle est au contact de la mer par trois longues façades maritimes de nature très différente. Sur 3 000 kilomètres, les côtes françaises bordent la Manche reliée aux pays de l'Europe du Nord, l'Atlantique ouverte sur le grand Océan, et la Méditerranée peuplée d'antiques richesses. L'étonnante ramification des fleuves français qui pénètrent l'intérieur du pays accentue encore la communication entre la terre et l'eau. Ces caractéristiques mettent la France dans une situation maritime privilégiée. Du nord au sud, le littoral change constamment de visage. Il prend la couleur du pays où il passe, se met au diapason des coutumes, se plie aux différents climats, enjambe les estuaires, prend d'assaut quelques grosses villes côtières.

Tout en haut de la France, la côte crayeuse est bordée par la mer du Nord qui étale ses tons gris et blanc argenté et déferle sur les plages de galets. Tout en bas, la petite ville de Collioure groupée autour de son église baigne dans les eaux vertes et bleu turquoise du golfe du Lion. Par la côte, plusieurs milliers de kilomètres séparent ces régions. Entre les deux, une infinité de paysages composent une fresque odorante et colorée : les falaises blanches de la baie de Somme, les sables mouvants du Mont-Saint-Michel, les rochers roses de Bréhat et de Ploumanach, les rocs de granit de la pointe du Raz, la multitude d'îles du golfe du Morbihan, les marais salants de Guérande, les longues plages des Landes qui n'en finissent pas, Arcachon et ses huîtres...

Ci-dessus

Au fronton des maisons groisillonnes, les images de dundées aux voiles tannées rappellent l'ancienne importance de la pêche hauturière dans l'île.

À gauche

Le bateau est pareil à un être vivant : comme lui, il naît, vit et meurt ; mais le bois, le lin et le chanvre dont il est fait sont éternels, pour peu que l'homme y veille...

Le littoral : promontoire des rêves

Le littoral est ce trait d'union fondamental et éternel qui sépare la terre de la mer. Un endroit de rupture avec le continent, mais aussi le lieu privilégié de tous les liens possibles avec les pays du large, le promontoire de tous les rêves. Là, comme au jour de la création, la nature n'a pas changé. C'est du littoral que l'on appareille vers d'autres lieux, d'autres horizons lointains. C'est à la côte que se préparent les grands départs.

Le rôle de la côte une fois perçu, il est plus facile de comprendre les bateaux qui viennent s'y abriter. À la manière de l'architecture terrestre adaptée à chacune des régions au fil des époques, l'architecture navale a progressé selon les coutumes et les nécessités. La morphologie des embarcations s'est progressivement adaptée aux pays où elles sont nées,aux traditions, aux besoins, mais aussi aux influences issues des rencontres. La mer, affrontée quotidiennement pour le travail, a continué d'en peaufiner les formes. Les bateaux qui remontent sur les plages du pays de Caux, par exemple, ont une conception très différente des pinasses pointues du bassin d'Arcachon. Leurs berceaux n'ont pas les mêmes parures : galets ronds et glissants assaillis par des rouleaux déferlants pour les bateaux d'Étretat, vases molles d'un plan d'eau calme pour ceux d'Arcachon. Leurs voilures recèlent également leur singularité. L'espar servant à tenir la voile dans sa partie haute est bien dif-

Ci-dessus

Calfat à l'ouvrage sur la coque d'un des derniers grands navires en bois de nos côtes. Le clouage à vérifier a été marqué à la craie. À l'aide du fer et du maillet, le calfat pousse l'étoupe dans les coutures à petits coups rapides et précis. Carène refaite à neuf, la gabare La Fée de l'Aulne *pourra à nouveau appareiller.*

férent selon les habitudes et les régions. Immense, à la manière d'une antenne contrôlant la forme triangulaire de la voile latine, la vergue de Méditerranée n'a rien à voir avec le solide espar qui équipe la grand-voile d'un thonier de l'île de Groix conçu pour la grosse houle de l'Atlantique.

Rentabilité oblige

Après une vie d'une richesse inouïe pour ces bateaux de travail, richesse en partie due à la longueur et à la variété du littoral français, ce véritable patrimoine maritime qui permettait de mieux comprendre le passé des hommes a purement et simplement disparu. La fin du siècle dernier connaissait un foisonnement de bateaux sur nos côtes, une activité qui régna jusque dans les années 30 pour ce qui concerne la pêche, le transport, le cabotage, le pilotage, et dans une moindre mesure, la plaisance. Plus de deux cents types de bateaux différents peuplaient l'ensemble des côtes françaises. Cette diversité était égale voire supérieure à celles des grands pays voisins. La Seconde Guerre mondiale accentua le déclin de la construction traditionnelle en bois, amorcée avec l'arrivée du moteur dans les années 20. Pour les bateaux de travail, l'efficacité du moteur rangea la voile au rayon des antiquités. Rentabilité oblige. Mais curieusement, aucun corps de métier, aucune organisation publique, aucune institution de recherche, à l'encontre d'autres pays, ne pensa qu'il fallait protéger un tel passé.

Malgré le déferlement du polyester, les Britanniques ont su conserver amoureusement leurs « vieilles belles choses ». Dès les années 30, la Society for Nautical Research dépêche un architecte naval pour étudier les différents types de bateaux traditionnels des côtes anglaises. Quant à leurs cousins d'outre-Atlantique, ils étaient trop frustrés de la relative brièveté de leur histoire. Ils ont toujours éprouvé le besoin de savoir d'où ils venaient. Ils sont parmi les premiers à avoir prôné le « revival »,

Ci-contre

Au chantier Jézéquel à Carantec, un petit catboat aux formes presque américaines est en cours de bordage. Ici, on n'emploie que des bois de première qualité, acajous aux tons roux, soigneusement sélectionnés et longuement séchés dans le chantier...

Ci-dessus

Sur la place du petit village de Loguivy, le grand sloup Krog e barz *fait admirer sa charpente, version très allégée de celle des anciens sloups langoustiers du Trégor.*

le retour à la construction traditionnelle en bois. Dans l'entre-deux-guerres, Howard Chapelle lance aux États-Unis des recherches qui vont contribuer à créer le célèbre musée de Mystic Seaport. Il servira de modèle à bien des pays qui prennent conscience de leur patrimoine maritime. En France, les deux premiers arrêtés de protection pris par le ministère de la Culture ne datent que de novembre 1982 ! Ils classent monuments historiques le trois-mâts Duchesse Anne et la gabare Mad Atao.

Le charme et la tradition s'envolent

Résultat, quelques années après la fin de la guerre, la flotte des bateaux traditionnels a disparu. Ils ont été décimés au fil des ans, tués par la guerre, abandonnés au fond des ports et sur les vasières. Matériau noble par excellence, vivant, le bois demande des soins constants. Il naît dans les forêts, puis meurt rapidement sur les grèves si l'on n'y prend garde. Dans les ports français, l'urgence du quotidien était ailleurs. Personne ne comprit alors, à quelques exceptions près, l'importance de conserver un tel passé. Le moteur avait sonné le glas de la voile, la Seconde Guerre mondiale bousculé les habitudes d'antan. C'est entre 1950 et 1960 que la voile de travail disparaît des côtes. L'avènement du polyester dans les années 60 va mettre un point final à la construction en bois et freiner toute réparation, tout renouvellement des bateaux de tradition. La dictature de la rentabilité balaye tout sur son passage. Les moteurs sont plus performants, les coques plus solides, les instruments de navigation plus précis, les bateaux modernes peuvent pêcher davantage et plus loin.

En même temps la « belle plaisance » se métamorphose. Les chantiers navals « réussissent » leur transformation au plastique. Ce matériau nouveau constitue une importante avancée dans l'industrie du bateau. Il dispose des qualités essentielles que doit posséder une coque en milieu salin. Les chantiers français y croient tellement qu'ils vont devenir les meilleurs. C'est un chantier français qui occupe actuellement la première place dans le monde pour le nombre de voiliers construits. Avec ce procédé de construction, les navigateurs gagnent en confort, en vitesse et en efficacité. Avec le polyester, produit dérivé du pétrole, les bateaux se normalisent ; le charme et la tradition s'envolent.

Une façon nouvelle d'appréhender la côte

Il faut attendre les années 80 pour qu'en France quelques amoureux des bateaux anciens, convaincus de la valeur du patrimoine national, se mettent à l'ouvrage. Dans le milieu de la plaisance, le polyester est en train de gommer l'histoire de la voile. Pour les bateaux de travail, l'immédiate efficacité laisse peu de place à la mémoire et à la poésie. Ces passionnés, parmi lesquels le mouvement initié par le *Chasse-Marée*, dirigé par Bernard Cadoret, et le photographe Michel Thersiquel, témoin de la première heure, vont réveiller les consciences. Nés de la forêt, les quelques bateaux en bois qui demeurent existent pour la plupart à l'état d'épaves. Le premier travail va consister à en sauver quelques-uns, à relever les cotes pour les plus malades. Petit à petit, à travers ce travail minutieux, s'élabore une nouvelle mentalité, une autre façon d'appréhender la côte. Une Fédération régionale pour la Culture Marine voit le jour à Rennes en 1979. Elle va faciliter en particulier les démarches financières auprès des collectivités publiques et de l'État. Puis elle vient s'établir à Douarnenez en1982. C'est également à cet endroit que s'installe la revue le *Chasse-Marée* en 1981, prolongement de la revue *Le Petit Perroquet* et de l'important travail réalisé sur les ouvrages *Ar Vag* qui témoignent du passé maritime à travers des documents anciens et des reportages.

Viendra ensuite le temps des fêtes de la renaissance. Les rassemblements organisés des bateaux à gréements anciens concrétisent le travail de recherche sur le papier. Ils commencent avec Pors Beac'h en 1982, puis s'étendent à Douarnenez tous les deux ans pour aboutir à la formidable manifestation de Brest 1992. Mille bateaux venus de tous les horizons composent une magnifique fresque marine dans le port de Brest puis celui de Douarnenez qui a ouvert son Port-Rhu pour la circonstance.

Ci-dessous

Fin prête à être mise à l'eau sur sa cale de lancement, la réplique du sloup caboteur Sainte-Jeanne, *réalisée à l'initiative d'une dynamique association d'Erquy, laisse admirer sa parfaite finition due à Yvon Clochet, le charpentier de la Roche-Jaune.*

À droite

D*égradé de voiles dans la lumière du soir au milieu du bassin à flot de Paimpol.*

Double page suivante

L*a nuit est tombée sur la flotte des anciens voiliers traditionnels rassemblés pour la fête des Chants de marins, et les projecteurs créent une atmosphère féerique sur le bassin.*

Le renouveau des années 90

Cette mémorable fête est également l'aboutissement d'un vaste concours lancé plusieurs années auparavant. Son but : encourager chaque port de France à restaurer ou à reconstruire « son » bateau. Ce concours se proposait de stimuler cet élan, d'en faire un événement national. Progressivement, de nombreuses régions se mirent en quête d'un projet représentatif. Particuliers, associations, collectivités publiques, partenaires privés ont joué le jeu du renouveau. À la faveur du concours, et grâce aux recherches qu'il a pu provoquer, les spécialistes du patrimoine maritime ont parfois découvert des types de bateaux dont ils ignoraient jusqu'à l'existence. C'est par exemple le cas de la chaloupe pilote de Dahouët, tirée de l'ombre par les responsables de l'association « La Pauline ».

En fin de compte, sur les cent trente et un projets inscrits officiellement au concours, quatre-vingt-trois seront menés à terme. Comme par magie, au soir du 17 juillet 1992, les unités issues de ces quatre-vingt-trois cartons font leur entrée dans la ria du Port-Rhu. Vingt et un bateaux viennent des régions du Nord et de la Normandie, trente et un de Bretagne, dix des Pays de Loire, six du Sud-Ouest, huit de la Méditerranée et sept des Dom-Tom ou des pays voisins de la France.

À la remise des prix, Bernard Cadoret insistera sur l'élan en faveur du patrimoine maritime : « Certes, tout classement en matière de bateau est simplificateur, artificiel et discutable ; mais la véritable récompense pour le *Chasse-marée*, pour ses partenaires, et pour toutes les fédérations et associations qui ont contribué à la construction de ces bateaux, c'est bien la présence de cette flottille parmi l'ensemble des bateaux de cette immense fête. Dans ce formidable élan en faveur du patrimoine maritime, c'est l'ensemble de la population qui s'est passionné pour chacun des projets qui doit être remercié. Les gens de nos côtes n'ont plus aucune raison d'avoir honte d'être français face à nos amis britanniques, hollandais ou scandinaves... »

Ainsi l'année 1992 marque-t-elle un tournant fondamental des mentalités. Mille bateaux naviguent en rade, les spectateurs se sont déplacés en masse pour venir les voir. Les Français se passionnent pour ces nouvelles constructions qui font appel à de vieilles recettes. Pour construire de tels bateaux, il faut choisir l'essence du bois, l'échantillonnage à utiliser. Il faut retrouver tous les détails d'assemblage, les tours de main des charpentiers de l'époque. Pour cela, il faut enquêter, interroger les derniers témoins, fouiller les greniers familiaux et ceux des chantiers anciens pour y dénicher les archives précieuses.

Les racines de nos bateaux sont en forêt

Voir naviguer ces belles unités à la mer est satisfaisant, c'est la finalité de l'opération. Mais la démarche effectuée en amont, celle qui précède la construction proprement dite et qui l'accompagne, revêt une autre importance. Un exemple de ce formidable travail est donné par l'Office national des Forêts, dont l'histoire remonte à Colbert en 1669. C'est l'ONF qui a fourni la quille de *La Recouvrance*, lancée à Brest en 1992. Deux chênes exceptionnels ont été choisis pour leur rectitude, leur longueur et leur diamètre. L'histoire de ces deux chênes a commencé il y a deux siècles. Les

SSR 17905

À droite

De la fenêtre d'une maison du Rosmeur, la flottille de Douarnenez 88, au petit matin. Au premier plan, un grand langoustier et un pilote, derrière, la ligne d'embossage des petits sloups. Au fond, la silhouette du Belem *et d'un « redningsskøyte » norvégien.*

Double page suivante

Sur les dunes mouvantes, les fragiles édifices des cabanes de bain se désarticulent peu à peu au gré des foucades du vent du large.

magnifiques fûts de quarante mètres qui peuplent la parcelle de Limol en forêt du Gâvre près de Redon, sont issus de glands semés en 1797, à la fin de la Révolution française ! Cette forêt fournit du bois depuis des siècles pour la Marine à Brest, bois transporté par le canal venant de Nantes. Sur les documents actuels de l'ONF figure cette drôle de maxime : les racines de nos bateaux sont en forêt !

Dans ce mouvement de renouveau, le ministère de la Culture engagea également un effort particulier en faveur du patrimoine maritime. Pour la première fois en France, deux bateaux de travail sont classés monuments historiques au titre des objets mobiliers. Et c'est en 1984 qu'est classé le premier bateau de plaisance. Il s'agit de *Winnibelle* avec lequel le peintre Marin-Marie traversa l'Atlantique en solitaire en 1933. En 1995, pas moins de soixante-quinze bateaux sont protégés, dont dix-huit de plaisance.

Objectif 2000 : pouvoir accoster sur de belles cales

Toutes ces reconstructions, ces remises en état, ces bateaux nouveaux, participent à un véritable art de vivre, une manière ancestrale de naviguer. Certains « modernistes » s'accommodent mal de ce retour en arrière. Pour eux, la joie d'aller en mer ne se nourrit que de vitesse et d'efficacité. D'autres ont besoin de retrouver cette authenticité et ce charme un peu désuet qui dépaysent. À l'évidence, ces deux modes de vie doivent cohabiter. Après les folles poursuites autour du monde, les exploits et records en tout genre sur les bateaux les plus sophistiqués, Éric Tabarly, l'un des marins les plus titrés de la planète, aime naviguer sur son *Pen Duick*, superbe cotre à corne dessiné à la fin du siècle dernier par William Fife et magnifiquement entretenu.

Cette nouvelle manière de penser les choses de la mer ne peut pas être éphémère. La renaissance de cette flottille spectaculaire entraîne naturellement d'autres actions. C'est tout l'environnement qui doit désormais s'adapter à cette manière de vivre. Ces bateaux de caractère doivent pouvoir accoster sur de belles cales, évoluer dans des sites protégés. Ceux qui ont « porté » ces nouveaux bateaux ont engendré presque malgré eux une nouvelle manière d'entrevoir le paysage marin.

La nouvelle manifestation de Brest et Douarnenez en 1996, rassemble une fois encore un exceptionnel plateau de bateaux de tradition. Mais cette fois, à l'arrière-plan, c'est tout le décor qui entoure ces bateaux qui doit renaître, tout l'univers du patrimoine maritime au sens large. Déjà, nombre de passionnés en ont fait l'objectif des années 2000.

En même temps, il convient d'être vigilant sur l'entretien des bateaux qui ont été sauvés des eaux. Après l'exceptionnel moment de la mise à l'eau, la première saison de navigation et l'engouement pour la nouveauté, il faut penser à l'hivernage. Rassembler les énergies, faire voter les finances, trouver les heures nécessaires à un bon entretien courant ne sont pas toujours les tâches les plus faciles.

2615 S.V.S.S.

MANCHE
de Berck à Granville

Tout au nord, la France dévide sa côte de falaises le long de la Manche aux eaux sablonneuses. Au milieu du pas de Calais, la cohorte ininterrompue de navires se faufile entre les bancs pour gagner les ports de l'Europe du Nord. Du cap Gris-Nez jusqu'au Havre, la rive est orientée au sud, puis au suroît sans qu'aucune anfractuosité naturelle ne puisse organiser de niches. Les courants peuvent y être violents et les vents soufflent de l'ouest, cinglants. Heureusement, les rivières sont là pour ménager des portes d'entrée et des abris dans les différentes villes qui se sont édifiées au fil du temps en Flandre et la Picardie. La Siack à Ambleteuse, la Liane qui coule dans Boulogne, puis la Canche au Touquet et la Somme au Crotoy, enfin la Béthune et la Seine, fleuve majeur, et son imposant estuaire. Pour profiter des eaux poissonneuses, les pêcheurs ont dû également s'organiser pour travailler à partir des plages de galets, à bord de bateaux qui ne connaissent pas le port.

De la Seine au Cotentin, c'est une autre histoire. La côte orientée est-ouest est plus hospitalière et plus basse, garantie des vents dominants par la presqu'île qui avance vers l'Angleterre. Les fleuves continuent, par plaques, de drainer la terre normande et se jettent dans la Manche : la Touques à Deauville, la Dives à Cabourg, la Vire et la Douve.

Ci-dessus

P*oussée par une jolie brise, la coque tout en rondeur du petit cordier berckois* Marianne Toute Seule *caracole sur les vagues. Le joli gréement à bourcet-malet (misaine et tapecul) caractéristique de la région est ici bien en évidence.*

À gauche

À *hisser le bourcet à la « candelette » sur un petit bateau de Berck. Avec un palan aussi démultiplié pour une voile encore modeste, l'effort restera à la mesure du matelot.*

MARIANNE

MARIE-FERNAND
LE HAVRE

Aussi bien en Angleterre qu'en France, de chaque côté du pas de Calais, les chantiers font appel à la construction à clins. Une technique particulière, directement importée des pays de l'Europe du Nord. Curieusement, à cet endroit, les petites embarcations sont pourvues de larges tableaux qui terminent les coques pleines et ventrues. Ce type de construction allie la robustesse et la légèreté. Le recouvrement des bordés rigidifie l'ensemble de la coque, assure une parfaite étanchéité et permet de ne recourir qu'à une faible ossature transversale. Ces bateaux sont particulièrement bien adaptés aux plages. Ils possèdent peu de tirant d'eau, sont facilement hissés à terre et peuvent se défendre pendant le talonnage des échouages répétés. Les flobarts du Boulonnais, les caïques d'Yport et d'Étretat sont conçus de la sorte.

Fécamp est connu pour sa pêche au hareng, traqué jusqu'autour des îles Shetland. Les dundées harenguiers étaient de superbes navires mesurant jusqu'à trente mètres de long et déployant au vent plus de trois cents mètres carrés de voilure sur deux mâts. Dans les célèbres toiles de Grandin, où l'on voit les harenguiers quitter le port, c'est toute la prospérité de la ville qui est dépeinte !

Dans l'entrée de la Seine, les fameux pilotes du Havre ont laissé bien des souvenirs. Leur rôle était d'aller chercher les grands navires au large, de déposer le pilote à leur bord et de les guider à travers les méandres de l'embouchure jusqu'à leur poste d'amarrage. La célèbre confrérie des « Hirondelles de la Manche », dont *Jolie*

Double page précédente

Départ de la plage à Berck : le « malet », ou tapecul, est déjà établi tandis qu'on se prépare à envoyer la misaine, ou « bourcet ». Par temps un peu dur, il faut aussi franchir les lignes de rouleaux.

Ci-contre

L'Avenir, *jolie petite chaloupe à clins quelque peu survoilée, est la reconstitution d'un camin de régate du Havre du siècle dernier.*

À gauche

Marie-Fernand, *un des derniers cotres pilote du Havre racheté en Angleterre et récemment restauré, envoie son flèche sous les falaises crayeuses du cap de la Hève.*

H 23

H23

Brise est l'un des dignes représentants avec son petit frère *Marie-Fernand* conçu en 1894 et remis à l'eau dans les années 90, a fait des émules. De nombreux architectes se sont inspirés de ces grands cotres, marins et rapides, pour dessiner des bateaux de plaisance. Les chantiers Augustin Normand, Lemarchand, Paumelle ou Julienne ont construit de nombreux cotres-pilotes aussi bien pour le travail que pour la plaisance.

Ci-dessous

Reconnaissable à sa jolie moustache rouge, la petite chaloupe de Basse-Normandie, gréée en flambart, se faufile à travers les vagues.

Double page précédente

La silhouette prestigieuse de Marie-Fernand, *cotre pilote du Havre, sous les falaises du pays de Caux : de Sainte-Adresse au Tréport, c'est tout au long de ce paysage à la fois grandiose et monotone que les marins doivent souvent louvoyer.*

La variété des « bateaux-pays » de la région du Nord est importante : goélettes islandaises, lougres d'Étaples, étadier du Crotoy, sauterellier de la baie de Somme, bourcet-malet de Dieppe, camin du Havre, vaquelotte du Cotentin. La bisquine est aussi répandue sur les côtes du Cotentin avec sa merveille de voilure disposée sur deux mâts immenses. *La Granvillaise* et sa sœur bretonne *La Cancalaise* régatent pour l'honneur. Un autre type de bateau plus petit s'est également répandu à la fin du siècle dans la région de Barfleur. Ce sont les bautiers. Plus faciles à manœuvrer, ils étaient gréés en cotre et équipés pour pêcher aux cordes du bord même du bateau.

À droite

Moustache blanche, livrée noire relevée d'un liston jaune, ample voilure de sloup en coton blanc écru : telle est la silhouette de Sainte-Bernadette, *la chaloupe crevettière d'Honfleur.*

HO.58

Double page précédente

Hardiment gréée en flambart, cette forte vaquelotte de Basse-Normandie laisse admirer toute la puissance de son gréement. On notera la longueur impressionnante du bout-dehors non haubané.

Ci-dessus

Foc, bourcet, tapecul, coque peinte en noir avec moustache blanche, préceinte bleue et liston jaune, c'est toute la grâce retrouvée des vaquelottes du Cotentin, aujourd'hui en pleine renaissance.

À droite

Vaquelottes à l'échouage dans le Cotentin : Barfleur, Saint-Vaast-la-Hougue et Tatihou sont les hauts lieux du renouveau des vaquelottes.

Ci-contre

François Renault, ancien marin de commerce, chercheur, modéliste de grande classe, est à l'origine du renouveau de la voile traditionnelle en Normandie.

Double page suivante

La belle bisquine La Granvillaise *battant pavillon de Normandie, tout dessus par jolie brise, donne la pleine mesure de sa grâce et de sa puissance...*

Bar le
DAUPHIN
ANGELUS
MATYO

G 90

G 90

CAN. 87

G 90
G 90

CAN. 87

BRETAGNE NORD
de Cancale à la pointe du Raz

À gauche, ci-contre et ci-dessous

La Cancalaise, *reconstitution d'une des plus jolies bisquines du début de ce siècle, a été le premier grand bateau traditionnel reconstitué en France. La réussite exemplaire de ce projet a donné le signal d'un puissant mouvement de renouveau sur toutes nos côtes.*
Admirer ses formes à l'échouage permet de comprendre le secret de sa marche, qui en fait un concurrent redoutable dans les régates de Bretagne nord.

C'est la petite rivière du Couesnon qui marque la frontière des terres de Normandie et de Bretagne. Plus au large, à la manière d'un formidable diamant posé sur la mer, c'est le Mont-Saint-Michel qui organise le passage d'une province à l'autre. Des hauteurs de Granville, par-dessus le caillou célèbre, la presqu'île de Cancale dessine sa belle silhouette et son immense baie emplie d'huîtres.

Tournée vers le nord, la côte de Bretagne est bien abritée des vents de Suroît. Elle souffre davantage des coups de Noroît dont elle est peu protégée, mais les côtes anglaises, relativement proches empêchent la mer d'enfler démesurément comme elle sait le faire sur les côtes de Gascogne. Le climat de la Manche est néanmoins plus rude que celui de l'Atlantique et la mer généralement plus froide.

Double page précédente

La *blanche* Granvillaise *et la noire* Cancalaise, *les deux bisquines-sœurs de la baie du Mont-St-Michel, se rendent vers la ligne de départ pour en découdre en régate…*

Ci-dessus

Symbole de l'identité retrouvée de la cité corsaire aux murs entièrement réédifiés après les destructions de la Seconde Guerre mondiale, Le Renard *est la reconstitution très fidèle du dernier navire que Surcouf arma en course. L'équipage n'hésite jamais à faire usage – pacifiquement – de ses caronades !*

Double page précédente

« Tête de morue, queue de maquereau », tel était le précepte qui dictait les formes des cotres corsaires aux charpentiers malouins des années 1800. Sous foc et grand voile seule, Le Renard *pique dans la plume en baie de Saint-Malo.*

La Côte d'émeraude, la dentelle de granit de la région de Bréhat, les imposants rochers roses de Ploumanac'h, enfin la région des abers qui précède l'extrême pointe de l'Europe constituent une suite de paysages magnifiques et sauvages. Cette côte dentelée regorge de mouillages très différents. Civilisés dans les villes de Saint-Malo, Saint-Brieuc, Perros-Guirec, Paimpol ou Morlaix ; naturellement abrités dans les embouchures des rivières de la Rance ou du Trieux ; perdus entre les îles de Bréhat et de Batz.

La Bretagne nord a raison d'être fière de son histoire maritime. La variété des bateaux qui composent sa flotte est particulièrement grande. Voir naviguer bord à bord la bisquine *La Cancalaise* et le cotre palangrier *Reder Mor* de Morlaix est un spectacle de toute beauté. Il permet d'entrevoir un pan de ce que pouvait être la flotte de travail du début de siècle. Des bateaux très voilés, hauts en mâture et forts de coque qui devaient labourer la mer hiver comme été à la recherche du pain quotidien. De Paimpol appareillaient les grandes goélettes

À droite

Jolie combinaison de voiles et de bonnettes à bord de l'Étoile-Molène *courant ici plein vent arrière tout dessus. Jamais assez de toile pour entraîner ces puissantes carènes dans les petits airs !*

DIN 88

À gauche

Marée basse à Cancale ; bisquines, plates et canots jaguins se reposent à l'échouage en attendant le flot.

Ci-contre

La Chippe Maria *de Saint-Suliac, utilisée pour la pêche au lançon dans l'embouchure de la Rance.*

pour les campagnes à la morue. Le long de la côte grouillait tout un monde marin spécialisé dans chaque type de pêche : les gabares de la Rance, les chippes de Saint-Suliac, les canots de Saint-Jacut, les sloups borneurs, les pilotes de Binic, les langoustiers de Loguivy, les cotres de Carantec, les gabares des abers Wrach, Ildut et Benoît. Avec le cotre corsaire *Le Renard* et la flottille des maquereautiers travaillant dans des eaux anglo-normandes, Saint-Malo n'est pas non plus restée à la traîne.

SB · 60
SB · 60

À gauche

Courant sous grand voile roulée et trinquette, la Sainte-Jeanne *d'Erquy à son neuvage montre toute sa puissance, bien qu'elle n'ait pu encore envoyer son grand foc.*

Ci-dessous

Puissante harmonie d'une membrure franche bien réalisée : ici, la Sainte-Jeanne *d'Erquy naît au chantier Clochet à la Roche-Jaune, près de Tréguier.*

Ci-dessous et à droite

L*a* Pauline, *superbe reconstitution d'un petit flambart du port de* Dahouët, *est un des bateaux les plus populaires du littoral de la Bretagne nord et aussi l'un des meilleurs marcheurs. Sa peinture noire et blanche rappelle le métier de pilote de son ancien patron, Hippolyte Guinard.*

Ci-contre

L*a coque tout en rondeur de* Frotte Bernique, *le dragous de Saint-Jacut en construction au chantier Clochet. « Fort en bois », bien lesté et largement voilé, ce petit flambart ne craindra pas le clapot de la Manche !*

Ci-dessus

S*ous cet angle, le* Grand Léjon, *reconstitution d'un lougre à voûte du Légué, a presque l'allure d'une bisquine. Souvent dotés d'un arrière à tableau, ces bateaux pratiquaient la drague des huîtres et le chalut à perche dans la baie de Saint-Brieuc.*

Double page suivante

L*e* Grand Léjon *tout dessus par petit temps dans un paysage typique du littoral des côtes d'Armor.*

À droite

Croche dans la toile ! *à affaler le taillevent à bord du* Grand Léjon, *tandis qu'une brusque risée couche le bateau tout à coup trop voilé. Réapprendre les gestes de la manœuvre sur ces gréements à la fois simples et délicats à manier, telle est une des missions essentielles de cette nouvelle génération de bateaux traditionnels. La fidélité et l'authenticité qui ont présidé à la construction de ce bateau lui ont permis de remporter le grand prix dans sa catégorie au concours « Bateaux des côtes de France ».*

SB 65
LE GRAND LÉJON
ST BRIEUC

SB 658

Ci-dessus

Ar Gentiles, *reconstitution d'une gabare goëmonière de Trélévern en Perros-Guirec.*

Double-page précédente

A*u plus près dans une jolie brise, Viola, ancien cotre de Fife construit en 1907 et restauré à l'initiative des organisateurs du Festival des chants de marins de Paimpol, démontre toute son efficacité à cette allure. Le motif gravé à l'avant du bateau est l'emblème du célèbre chantier écossais.*

Ci contre

Lors des régates de Ploumanac'h en 1995, les affrontements étaient vigoureux sur les bords de vent arrière. On voit ici au premier plan un ancien petit coquillier de la rade de Brest entièrement reconstruit l'hiver précédent.

Ci-dessus

Quoique construit en polyester, Zant C'hireg, *réplique d'un dundée langoustier de Camaret, est l'une des plus belles et des plus actives unités de la flottille de Bretagne nord.*

Ci-dessus

V*ue sous cet angle, la coque du petit flambart de Locquémeau paraît minuscule par rapport à son énorme voilure au tiers. Remarquer les grandes moustaches blanches de ces bateaux qui pêchaient autrefois la sardine en baie de Lannion.*

À gauche

Barr Awel *en construction au chantier Rolland de Primel en Plougasnou. Authenticité garantie : c'est sur des gabarits originaux de flambart conservés dans les combles du chantier que la charpente de ce bateau a été édifiée, exactement comme autrefois.*

Ci-contre

B*ien « carré de bouchain »,* Barr Awel *annonce une belle stabilité et du « coup dans la mer » !*

BR 732721

Ci-dessus

U*n amas de roches et une rangée de chaumières, près de Brignogan. Le hameau de Ménéham, aujourd'hui protégé, est l'un des sites les plus émouvants de la côte sauvage du Léon.*

Ci-contre

À *Plouguerneau, on a le sens de la tradition et cette scène reconstituée d'un déchargement de goémon n'a rien d'une approximation nostalgique : tout est vrai, les gens, le bateau, le cheval, le paysage.*

À gauche

Petits sloups au louvoyage dans le calme de l'« Aber Beniguet », une des plus jolies rias du Nord-Finistère.

Ci-contre

Au chantier Bégoc à Saint-Pabu, on continue de construire une lignée de petits sloups râblés qui font l'enchantement des plaisanciers de ce petit port préservé.

Ci-dessous

À Saint-Pabu, on sait ce que manœuvrer et régater veulent dire et la flottille, très active, compte plus d'une douzaine de ces magnifiques petits sloups à corne demi-pontés.

Ci-contre

M*oment d'émotion intense, cris de la foule : la grande coque noire et blanche de la* Belle étoile *glisse soudain sur son rail suiffé et prend contact avec son élément, jaillissant en pleine lumière alors que sa gestation s'était faite dans le secret du hangar.*

Ci-dessous

N*aissance d'un voilier... La charpente axiale dressée sur le sillon de Camaret, véritable colonne vertébrale du bateau, ne donne encore qu'une idée imparfaite de l'importance de la coque qui va naître des mains des charpentiers.*

BELLE-ETOILE

Ci-contre

D*u petit sloup caseyeur d'Ouessant au grand dundée camarétois* Belle étoile *qui pratiquent en principe le même métier – celui du casier –, il y a toute la distance d'un modeste bateau creux voué à la pêche côtière à un fort voilier hauturier capable de naviguer du Portugal aux Hébrides.*

Double page suivante

Sloup coquillier et chaloupe de Plougastel sous gréement 1900, bord à bord en rade de Brest. Deux époques de la pêche en rade, l'une proche, l'autre plus ancienne, mais qui toutes deux ont bien failli tomber dans l'oubli.

Ci-contre et ci-dessus

À la barre de son petit sloup, La Jument, *Monsieur Paul Colin pratique encore, chaque été, la pêche au casier à homard et à langouste dans les courants qui entourent Ouessant ; c'est le dernier voilier de l'île.*

Ci-dessous et ci-contre

Silhouette oubliée depuis des lustres, celle de la chaloupe de Plougastel Marie-Claudine *avec ses étonnantes voiles au tiers apiquées vers le bas ; et pourtant, c'est un bateau qui marche le feu de Dieu !*

À droite

Les derniers sloups coquilliers de la rade de Brest sont aujourd'hui presque tous restaurés. Autrefois, en pêche, on ne gréait pas de foc sur bout-dehors, de crainte des collisions.

B 7083

Ci-dessus

Ce coquillier des années 1950 a été restauré et gréé par son patron, un jeune marin-pêcheur de Plougastel, qui n'aurait pas supporté d'avoir à le brûler dans le cadre du plan Mellick.

Ci-contre

Démonstration de dragage du maërl, le bateau dérivant en travers par petite brise.

À gauche

Relevage de la drague à maërl par de jeunes Plougastels en costume du XIXe *siècle, à bord de la* Marie-Claudine. *Cette reconstitution des gestes d'un des plus vieux métiers de la Rade a été organisée à l'occasion d'une fête locale très réussie dans un petit port méconnu de la presqu'île de Plougastel.*

Ci-dessus

*Dernière gabare traditionnelle toujours en service, l'*Aviateur Mermoz *possède aujourd'hui une petite timonerie. C'est pourtant l'un des derniers véritables voiliers d'origine travaillant encore sur nos côtes.*

À droite

Notre-Dame de Rumengol, *régulièrement entretenue et restaurée par l'association an Test, est un des plus beaux fleurons du patrimoine maritime de la rade de Brest. Cette grande gabare mixte a fait l'objet d'une restauration approfondie en 1996.*

Ci-dessous

À *virer l'ancre au guindeau à bord d'une des goélettes de la Marine nationale. Le système de guindeau s'est modernisé depuis l'époque du neuvage des goélettes, mais l'effort physique reste une constante dans la manœuvre de ces bateaux.*

Ci-contre

G*réées à la manière des anciennes goélettes islandaises de Paimpol, l'*Étoile *et la* Belle-Poule *, les goélettes sœurs de l'École navale, maintiennent la grande tradition de la marine à voiles dans la Royale.*

À gauche

Prestigieuse silhouette surgie comme un fantôme d'un passé glorieux : avec ses doubles huniers et sa batterie à sabords, la Recouvrance *ne peut manquer d'émouvoir un marin digne de ce nom.*

À droite et ci-dessus

Splendide reconstitution d'une goélette aviso de la Royale des années 1830, la Recouvrance *est à ce jour le plus grand – et peut-être le plus beau – bateau de la flottille traditionnelle reconstruit sur les côtes de France.*

Ci-contre

Avec le Mutin *de l'école de pilotage, la Marine nationale possède le dernier voilier du type dundée-thonier naviguant encore sur nos côtes. Sa silhouette est familière à tous les marins de l'Iroise et de Bretagne.*

À droite

Tinna, *une ancienne baleinière de la Royale, croise la grande yole d'état-major douarneniste* Amitié *au port de plaisance de Brest. L'aviron, c'est la touche d'élégance marine qui marque un rassemblement de voiliers traditionnels réussi.*

TINNA
Br 267540

Ci-dessus et en haut à droite

Le petit port de Landerneau, autrefois centre de cabotage actif, ne pouvait mieux choisir que de reconstruire une petite gabare à faible tirant d'eau comme le Dalh-Mad, *réplique de la* Sainte-Anne, *qui est parfaitement à son aise dans les chenaux souvent envasés de l'Elorn.*

Ci-contre

Les formes pleines de cette construction robuste et forte en bois sont celles de la petite gabare de charge Dalh-Mad, *reconstruite pour une association landernéenne.*

Ci-dessus et à droite

Telenn-Mor, *chaloupe sardinière de Douarnenez, ici bord à bord avec* Solweig, *a été l'un des premiers bateaux reconstruits en Bretagne avec un parfait souci d'authenticité. Elle navigue régulièrement la moitié de l'année pour l'École de voile de Tréboul.*

D-NEZ

SOCIETE NATIONALE DE SAUVETAGE EN MER

À gauche

Serrées bord à bord dans l'antre protecteur du bassin de Port-Rhu, les vedettes de la SNSM et le fameux bateau-feu Scarweather *mettent en valeur le cadre du Port-Musée, qui après une naissance difficile, deviendra, si les bonnes fées se penchent sur lui, le premier grand musée maritime à flot qui manque encore à la France.*

Ci-dessus

Anna-Rosa, *magnifique galéasse norvégienne construite en 1893, est un des plus beaux fleurons du Musée du Bateau de Douarnenez. Ce type de caboteur était autrefois un visiteur régulier du Port-Rhu où il déchargeait de pleines cargaisons de rogue pour la pêche à la sardine.*

Double page suivante

Phare de la Jument, au large de l'île d'Ouessant

CC115038
MÉLANIE

BRETAGNE SUD
de Audierne à la Loire

L'Iroise délimite un sas pour passer de la Manche à l'Océan. Au sud, le raz de Sein ouvre ses portes sur le vaste Atlantique. à partir de Camaret, la côte de Bretagne s'oriente vers le sud-est et plonge jusqu'à l'embouchure de la Loire.

Première barrière placée en avant-poste des grandes dépressions qui balayent l'Atlantique Nord, cette côte est aux premières loges pour encaisser les vents dominants de Suroît qu'elle subit de plein fouet. Par mauvais temps d'Ouest, cette région du nord-Gascogne est malmenée, et la mer peut soulever d'importants trains de houle qui s'écrasent en gerbes d'écume blanche sur le granit. Cet assaut de la mer a creusé au fil des millénaires des abris, des rias, des îles et îlots. Des ports ont été progressivement édifiés. Nombre d'entre eux forment d'excellents mouillages, le plus souvent en eau profonde, quelle que soit l'heure de la marée. De leur côté, les vents de secteur Est ont peu d'influence. Ces « vents de terre » engendrent une mer plate, maniable et lisse.

Rien d'étonnant à ce que cette partie de la côte de France tournée naturellement vers le grand large soit particulièrement bien équipée en ports, dotée d'une tradition maritime ancestrale et d'une aussi belle flotte de travail. Les bateaux de Bretagne sud,

Ci-dessus

La voûte fuyante du sloup langoustier Cap-Sizun, *ici en construction à Audierne, rappelle l'élégance de ce très beau type de voilier de travail breton qui pêchait de Belle-Île à la Cornouailles britannique.*

À gauche

Un canot à misaine, une petite cale avec son escalier, une maison côtière accueillante : tout le plaisir d'un savoir-vivre et naviguer propre à la Bretagne sud.

A gauche

R*éserve ornithologique de Goulien, au Cap Sizun.*

conçus aussi bien pour la pêche côtière que pour la pêche en haute mer, étaient fort nombreux dans les années 30. Avec la « renaissance » des années 80, cette côte dispose actuellement, avec la Bretagne nord, de la plus belle flotte de bateaux traditionnels : sloups langoustiers de Camaret et d'Audierne, chaloupes sardinières, canots à misaine pour pêcher à la ligne, lougres et chasse-marée de cabotage qui remontaient les rivières, dundées thoniers de Groix qui partaient en campagne au grand large, forbans du Bono et sinagos adaptés aux petits fonds du golfe du Morbihan, sloups dardiniers de Sauzon à Belle-Île et de la presqu'île du Croisic.

Ci-dessus et ci-dessous

Cap-Sizun *et* Corbeau des Mers, *deux exemples différents du type des sloups langoustiers de l'Iroise. Le premier, reconstruit à neuf, possède une voûte ou « cul de poule », alors que l'autre bateau, lancé avant la Seconde Guerre mondiale, se distingue par un arrière à tableau. C'est à son bord que de nombreux marins de l'île de Sein ont gagné l'Angleterre en 1940, et il a été restauré par le musée de la Résistance.*

Ci-dessus

Le type des lougres caboteurs avait disparu depuis longtemps et c'est une silhouette oubliée que le Corentin *de Quimper fait revivre aujourd'hui sur nos côtes et dans nos rias. Remarquer les voiles à bonnettes maillées qui évitaient de nouer de trop gros rouleaux de ris dans la lourde toile de lin.*

Ci-dessous

É*choué pour caréner sur la cale du bac à Bénodet et, en bas, dans le port de l'île de Sein,* Corentin *fait admirer ses formes pleines d'ancien bateau de charge. Aujourd'hui, ce n'est plus du vin de Bordeaux, du blé ou des poteaux de mine qu'il transporte le long des côtes de Bretagne, mais des passagers désireux de découvrir la voile traditionnelle sur un voilier de type ancien.*

Ci-dessus

À côté des restaurations et reconstructions d'anciens types de voiliers de travail traditionnels, s'est développé tout un mouvement de navigation et de randonnées à bord de bateaux voile-aviron construits en bois selon des procédés modernes. Ces petits canots, faciles à entretenir et à mettre à l'eau, sont dessinés par des architectes navals s'inspirant des silhouettes d'hier pour créer de vrais bateaux d'aujourd'hui. On peut admirer, ici, une des sept « yoles de l'Odet » construites dans l'environnement du lougre Corentin.

À droite

Deux livardes, des clins, de l'eau, du bois, de la forêt : le bonheur sur l'Odet à bord de ce Whitehall remarquablement réalisé par les ateliers de l'Enfer, centre de formation à la construction en bois installé à côté du musée du Bateau de Douarnenez.

Ci-contre et ci-dessous

La construction de Marche Avec, *reconstitution d'un sloup sardinier de Concarneau. Des bordages sortis de l'étuve vont être mis en place sur la belle charpente préalablement peinte au minium.*

Ci-dessus et ci-contre

Diverses vues de la construction du sloup sardinier : un spectacle dont on ne se lasse pas.

CC 1645
Apsara
Mx

À gauche et Ci-dessus

Taillé en finesse et largement voilé, Marche Avec *sera sans nul doute l'un des meilleurs marcheurs de la flottille sud-finistérienne.*

907
91597
514767
CC 244016

Ci-contre et ci-dessous

Avec leur gréement simplifié à l'extrême, les canots à misaine du Sud-Finistère sont parmi les voiliers les plus rustiques, mais aussi les plus attachants de notre littoral. Certains, comme Yann-Youn *, ajoutent parfois un tapecul à la misaine et gagnent ainsi quelques fractions de nœud.*

À gauche

Bouquet de misaines et de couleurs vives lors de ce rassemblement chaleureux de l'association La Misaine *dans un petit port de Cornouailles.*

À droite

Sant Budog, *reconstitution d'un canot à misaine bigouden du début du siècle, dévoile son bouchain dur et laisse deviner sa belle marche. Admirer l'harmonie d'une coque bretonne bien construite, bien peinte et bien gréée, avec les tons cachoutés de sa puissante misaine de coton.*

Ci-dessus et ci-contre

An Alarc'h, *construite à Douarnenez par Gerd Löhmann sur les plans d'une ancienne yole à clins des Shetland, marche aussi bien à la voile qu'à l'aviron, dans les mers les plus dures comme dans le calme plat.*

Ci-dessus et ci-contre

Formes pleines, charpente puissante, c'est le chasse-marée Belle Angèle *de Pont-Aven qui naît ici au chantier du Guip de l'Île-aux-Moines, dans le golfe du Morbihan.*

Ci-dessus et ci-contre

Transportée par chaland puis par camion jusqu'au petit port sud-finistérien, la Belle Angèle *sera terminée sur le quai de Pont-Aven d'où elle sera mise à l'eau à l'aide d'une puissante grue au cours d'une fête très réussie.*

Ci-dessus et ci-contre

C*omme le lougre de l'Odet* Corentin, *le chasse-marée de Pont-Aven* Belle Angèle *représente l'ancienne famille – autrefois si nombreuse – des caboteurs à voiles au tiers de Bretagne sud.*

À *hisser le taillevent avec bonnette maillée à bord du chasse-marée* Belle Angèle. *Sur les bateaux de cette taille, les efforts déployés commencent à être sérieux.*

Ci-dessus

E*n rivière d'Auray, lancement de* Notre-Dame de Bequerel, *très belle réplique d'un ancien forban, chaloupe de pêche typique du petit port du Bono.*

À droite

S*i la coque du forban est proche de celle des chaloupes sardinières, sa voilure est plus importante grâce à l'adjonction d'un foc sur bout-dehors. Et pourtant, il s'agit d'un bateau creux : savoir le lester comme il faut est tout un art !*

A 1912
ND de BEQUEREL

Double page suivante

Jean-et-Jeanne, *réplique d'un petit sinago du golfe du Morbihan du début du siècle, donne toute sa marche au plus près. Sa silhouette est très reconnaissable aux voiles rectangulaires « en bannière » qui furent hissées jusqu'à la Première Guerre mondiale.*

Ci-dessus

***T**out dessus par petit temps sur* Notre-Dame de Bequerel, *le forban du Bono. Il y avait autrefois pas moins de cent chaloupes de ce type au Bono, et le minuscule port de la rivière d'Auray peinait à les contenir toutes !*

À gauche

***R**emarquez le treuil qui permettait aux forbans du Bono de relever à mains d'homme leur chalut à perche alourdi de poisson de fond.*

Ci-contre

***D**ans le plus pur respect de la tradition, les voiles du forban du Bono sont tannées à l'aide d'une décoction d'écorces de pin pilées, qui donnera une voilure d'un très joli rouge brique.*

NH

Ci-dessus

Sinago des années 30, Aven *et un tonneau des années 1900 : avec ces trois bateaux du Golfe, c'est toute la démarche de renaissance de notre patrimoine maritime et des bateaux en bois qui est ici symbolisée : restauration et reconstruction des anciens voiliers de travail, nouvelle plaisance voile-aviron faisant la synthèse de la tradition et des techniques d'avant-garde, reconstitution à l'identique de yachts de plaisance d'autrefois comme* Maïta…

Ci-contre

Le Seagull, *un petit yacht écossais du début du siècle restauré pour leur propre usage par les charpentiers du Guip, laisse admirer l'élégance de ses lignes. Rapide, maniable, ce joli bateau fait l'admiration de tous les plaisanciers du golfe du Morbihan.*

Page de gauche

Seagull *tout dessus finasse par petit temps avec les courants du Golfe du Morbihan.*

Reconstitué avec amour d'après des plans et des photographies anciennes, le petit « un tonneau » Maïta *rappelle les anciens yachts de plaisance qui régataient vers 1900 sur le golfe du Morbihan. Quoi qu'en pensent certains, l'invention de la plaisance ne date pas d'hier !*

Dépourvu de moteur, Maïta, *dont on remarque le joli pont latté, se manœuvre facilement à la godille quand ses voiles ne sont pas hissées.*

FAÇADE ATLANTIQUE
des Pays de Loire au Pays basque

Ci-contre

Ancien vapeur d'inspection des Ponts et chaussées, le Léchalas, *restauré de fond en comble après avoir failli disparaître, vogue à nouveau sur les eaux de l'Erdre. Il ne lui manque plus que de retrouver son ancienne machine à vapeur, conservée en parfait état. Au premier plan, l'étrave de l'ancien yacht nantais en fer,* Vétille.

La Loire est vraiment la frontière naturelle des côtes nord et sud de la rive atlantique. À La Baule et Pornichet, ce sont encore les toits d'ardoises grises qui coiffent les maisons à étages ; à Pornic et Challans, ce sont déjà les toits de tuiles rouges qui recouvrent les maisons basses. En passant la Loire, les Bretons qui vont vers le sud trouvent déjà en Vendée un petit air de Midi. Avec le paysage qui change radicalement d'aspect, la température est montée de quelques degrés. Et quand vous débarquez à Noirmoutier, à plus forte raison à l'île d'Yeu venant du nord, c'est un autre pays qui s'annonce.

De la Loire à Saint-Jean-de-Luz, la côte du golfe de Gascogne est orientée plein sud. Plutôt variée jusqu'à l'embouchure de la Gironde, portant sur sa frange les îles de Noirmoutier, Yeu, Ré et Oléron, elle descend brutalement tout au long des Landes. Sur 160 kilomètres, ce ne sont que sable et pins dans une forte odeur de résine. Les dépressions du golfe de Gascogne viennent y faire éclater leurs monstrueux rouleaux qui font reculer la côte et

À gauche

Vent de galerne : tirée par sa haute voile carrée, la toue à piautre Val de Vienne *remonte la Loire contre le courant. Ce bateau est peut-être le plus beau symbole de l'extraordinaire renaissance qu'a connue la marine de Loire ces dernières années.*

Ci-dessus

Vétille, *un petit yacht en fer construit à la fin du siècle dernier aux chantiers Dubigeon, est l'un des plus vieux voiliers de plaisance français naviguant aujourd'hui. Certains yachtsmen nantais proches des milieux de la construction navale industrielle ont choisi très tôt le fer et l'acier pour leurs bateaux.*

salent la forêt sur sa périphérie occidentale. Une seule ouverture dans ce rideau de dunes : le bassin d'Arcachon. Cette petite mer, d'une superficie de 156 kilomètres carrés, assèche à marée basse sur les trois quarts de son étendue. Elle dispose d'un réseau complexe de chenaux dont certains atteignent vingt mètres de profondeur.

Au début du siècle, Arcachon est le second port français de pêche après Boulogne ! Les chalutiers à vapeur sillonnent les côtes les plus lointaines jusqu'en Islande. Mais le bateau-pays est la fameuse pinasse aux lignes si curieuses. La forme générale, tonture prononcée et arrière pointu, fait penser à certaines gondoles vénitiennes ou bien encore aux bateaux turcs du Bosphore. En fait, la traditionnelle pinasse d'Arcachon a des origines diverses qu'il est difficile de contrôler : la construction à clins nordique, la voile galicienne ou basque, la dérive centrale américaine. Ce qui est sûr, c'est que ce bateau plat est parfaitement adapté pour arpenter les hauts fonds du Bassin, travailler sur les parcs à huîtres à la manière des bacs ostréicoles et transporter les troncs de résineux. Pour ce qui concerne la plaisance, le bassin dispose de son Monotype

Alors qu'elle avait coulé dans un garage à bateau, la petite vedette à moteur Simone II *est aujourd'hui pimpante comme à son neuvage sur l'Erdre. Remarquez l'élégance des boiseries et de tous les aménagements intérieurs.*

conçu en 1912 par Joseph Guédon, architecte bordelais. Bien adaptée au site, entretenue correctement, une petite flottille de Monotypes d'Arcachon navigue encore aujourd'hui.

Rien d'étonnant à ce que les bateaux de cette longue rive atlantique soient si différents. Bien plus au nord, la Loire dispose également de bateaux bien spécifiques. Ce chemin naturel d'eau douce servait à alimenter les différentes villes et à transporter le fret avec l'aide du courant et du vent. La rencontre de Montjean, en 1990, donna l'occasion de reconstituer l'ambiance qui régnait sur la Loire au temps de ces embarcations à fond plat équipées de voiles carrées. La reconstitution d'une douzaine de bateaux anciens a été entreprise par les associations de Montjean, Angers, Chinon et Saint-Hilaire/Saint-Florent. Gabares, toues, chalands et autres fûtreaux ont donné l'occasion aux riverains de renouer avec leur passé.

Plus au sud, les Basques ont remis à la mode les belles chaloupes biscayennes équipées de deux grandes voiles en tiers à bordure libre ainsi que les chalutiers luziens aux belles couleurs vertes et bleues du sud Gascogne. Ces unités de pêche viennent grossir la variété de la flotte de l'Atlantique : thoniers de l'île d'Yeu à Royan, chaloupes sardinières de Saint-Gilles et des Sables, sloups ostréicoles des Pertuis, pilote de Royan dans l'embouchure de la Gironde, traînières basques.

Ci-contre

Le canoë en bois est sans doute l'un des moins chers parmi les anciens bateaux « classiques ». Rien d'étonnant à ce qu'on le voie réapparaître un peu partout aux mains des amateurs de canotage.

Ci-dessous

Voile, dérive latérale et pagaies, que demander de mieux pour un joli canoë classique parfaitement restauré ? Il y a suffisamment de belles rivières et de côtes abritées en France pour tirer de grands plaisirs d'une si modeste unité.

Double page suivante

Trois voiles carrées sur la Loire : voici que, grâce aux efforts des associations, revit le temps bien oublié des mariniers et des chalands sur le dernier « fleuve sauvage » de France.

LES PATACHONS

À gauche

Toue de Loire ramant à l'aide des « gâches » par calme plat. Pour tirer parti des moindres courants d'air du fleuve, on ne craint pas de hisser de hautes voilures sur les bateaux de Loire.

Ci-dessus et ci-contre

Halées à la bricole comme autrefois, les anciennes toues de Loire reconstituées remontent le canal de Nantes à Brest pour se rendre à la pointe de l'Armorique.

232 727

Ci-contre et ci-dessus

B*eaucoup d'anciens marins, en souvenir de leur métier, construisent des modèles à la fois naïfs et fidèles des voiliers sur lesquels ils ont navigué dans leur jeunesse. Ici, deux dundées thoniers de l'île d'Yeu.*

À gauche

A*mbiance de fin de journée dans le bassin à flot de Paimpol, avec au premier plan l'étrave d'un voilier typiquement islais.*

Ci-dessus

Le mouvement de renouveau des voiliers traditionnels a permis le redémarrage d'anciens métiers comme celui de la voilerie, dont on redécouvre les gestes et les outils immémoriaux.

À droite

Ralinguage à l'ancienne en chanvre goudronné, toile de lin écrue, rien n'a été épargné pour assurer l'authenticité des voiles du Renard *réalisées par la voilerie Burgaud de Noirmoutier, qui a su garder la mémoire des anciennes techniques.*

Ci-dessus

Entourant le patron du chantier Durand de Marans, l'équipe de l'association qui a fait reconstruire la gabare de Gironde Les Deux Frères, *présente fièrement la demi-coque du bateau.*

Ci-contre

La gabare de Gironde Les Deux Frères *en reconstruction au chantier Durand de Marans. Il était temps : ce puissant bateau de charge était le dernier survivant de l'immense flotte des voiliers de pêche et de transport de la Gironde.*

Pêche aux aloses (en haut) et aux lamproies (en bas) aux filets dérivants, par les deux dernières filadières de la Gironde.

Bx 330534
BX470543

CC
55

À gauche

Deux Monotypes d'Arcachon dans les petits airs, reconnaissables à leur voile au tiers gréée en « balance lug ». Et dire que ces jolis petits bateaux ont vu leur série créée au début du siècle !

Ci-dessus

Poussé par une petite brise, un Monotype d'Arcachon longe les piquets d'un des innombrables parcs du bassin. Comme celle des Cormorans en baie de Morlaix, la flottille des Monotypes d'Arcachon est redevenue très active et on a ressorti des vieilles coques de maints garages pour les bichonner à neuf.

Double page suivante

Pinassotte en construction au chantier Bossuet à Arcachon. La pinasse, autrefois construite en pin de la forêt des Landes et rivée en chevilles de saule, s'est intelligemment modernisée en adoptant la dérive centrale, puis le moteur dès le début du siècle. Mais pour les amateurs, c'est la pinassotte à voile et à avirons qui symbolise le mieux la très ancienne tradition du Bassin.

Ci-dessus et à droite

Fine, légère et rapide, bien toilée avec sa large voile au tiers amurée en abord, la pinasse d'Arcachon offre à ses équipages des sensations aussi fortes et des performances aussi pointues que n'importe quel dériveur moderne !

Ci-dessous et à droite

R*econstitué à l'occasion du concours « Bateaux des côtes de France », le bac ostréicole* Président Pierre Mallet *ressuscite un type de bateau de travail parfaitement adapté aux faibles profondeurs du bassin d'Arcachon.*

Double page suivante

S*ilhouette étonnante de* Brokoa, *la « txalupa handi » de* Socoa, *qui rappelle celle des anciennes « trincadoures » de la côte basque et cantabrique. Le Pays basque est, avec la Bretagne, l'une des dernières régions où l'on construit encore des bateaux de travail en bois. Il fallait le souligner par cette reconstruction symbolique entre toutes !*

BA 801528

Ci-dessus

À *bord de* Brokoa, *reconstitution d'une ancienne chaloupe basque, tout l'équipage donne le meilleur de lui-même aux avirons. C'est l'un des rares types de grands bateaux mixtes voile-aviron qui ait survécu jusqu'à nos jours.*

Ci-contre et ci-dessus

Excellents bateaux d'aviron de mer, les petits « battelak » basques, légers, rapides et marins, sont désormais construits en polyester par un chantier local. Les Basques sont un grand peuple de marins qui a toujours pratiqué l'aviron sous toutes ses formes.

N.D de CONSOLATION
N.D de CONSOLATION

MÉDITERRANÉE
de Collioure à Toulon en passant par la Corse

L'absence de marée, la douceur du climat modifient profondément la nature de la côte méridionale française par rapport à la façade atlantique. Les vents dominants soufflent d'horizons différents. Les paysages, la végétation et les odeurs y sont particuliers. C'est une autre mer qui baigne le même pays. Fermée sur elle-même, la Méditerranée est pourtant le point de départ vers d'antiques destinations de rêve. Elle recèle par ailleurs une belle variété d'îles parfumées comme les îles d'Hyères, la Corse ou les Baléares.

Sous des airs nonchalants, la Méditerranée est une mer capricieuse. Ceux qui ont navigué autour du globe la respectent. Ils savent que le calme blanc peut durer des jours, mais qu'en un clin d'œil des vagues monstrueuses peuvent se lever avec une brutalité démente. C'est la force du vent, bien sûr, mais aussi le « fetch » court de cette mer fermée – l'étendue d'eau sur laquelle le vent agit – qui ne permet pas à la houle de s'exprimer pleinement, et qui donne aux vagues cet aspect abrupt et déferlant.

Ci-dessus

Avec son antenne peu apiquée vers le bas, la felouque Saint-Pierre *ne manque pas d'étonner par sa silhouette longue et basse – relevée par un haut capian d'étrave – et sa curieuse voilure latine.*

À gauche

Antenne « aplanée » pour le vent arrière, cette barque catalane donne toute sa vitesse et court comme sur des rails. Bel exemple des possibilités de réglage presque infinies de la voile latine...

À l'ouest, le golfe du Lion tapi sous la chaîne des Pyrénées ne pardonne aucune imprudence. C'est au pied du cap Béar que l'on relève statistiquement la majorité des coups de vent supérieurs à la force 8 sur l'ensemble des côtes françaises. Au centre du bassin, le mistral qui est canalisé par le lit du Rhône, peut se déchaîner jusqu'à plusieurs centaines de milles de la côte, soulevant des trains de vagues dépassant les dix mètres ! Plus à l'est, le golfe de Gênes a également ses colères hivernales.

Sur ces 500 kilomètres de côtes, auxquels il faut ajouter les 300 kilomètres du littoral de la Corse, les paysages sont extrêmement variés. Le caractère maritime de chaque lieu a forgé des types d'architecture navale assez différents. L'Ouest a subi l'influence espagnole de la Catalogne avec ses borneurs et ses caboteurs qui se rendaient à Port-Vendres, à Sète et jusqu'à Marseille ; l'Est a été influencé par l'Italie et la tradition napolitaine. Mais depuis des centaines d'années, un type bien précis de voilure a perduré. Il s'agit de la voile latine. De forme triangulaire, supportée par un

À gauche

À *mâter le « mourre de pouar »* Saint Lazare *restauré par le Musée du Bateau de Douarnenez. Impeccablement regréé par des hommes de l'art venus du Midi, ce joli bateau originaire de Palavas-les-Flots fera admirer la maniabilité de la voile latine à des milliers de spectateurs.*

Ci-dessus

Avec son ample voile latine, la barque catalane est un des voiliers les plus rapides du bassin méditerranéen. C'est sans doute aussi la flottille traditionnelle qui a connu le premier renouveau sur toutes nos côtes.

long espar montant le long du mât, elle est sans doute la plus ancienne des voiles auriques du monde. Celle des Italiens, des Provencaux, des Espagnols, des Portugais et aussi des Arabes. Elle équipait les galères, les tartanes, les felouques et les chebecs. Les Latins l'ont « exportée » partout dans le monde et elle se trouve à l'origine de toutes les voiles « axiales » modernes. Ce triangle soutenu par son antenne dispose de nombreux avantages : sa stabilité au vent est exemplaire à toutes les allures, son réglage simple, son démontage aisé. Sa manœuvre s'avère un peu complexe mais sa beauté et son élégance ont certainement contribué à son maintien à travers les âges.

Les barques catalanes ont très tôt essaimé sur tout le littoral de Collioure où l'activité de la pêche au filet était importante. Quelques jeunes Catalans ont entrepris de réarmer aujourd'hui ces longues barques à cul pointu qui ont contribué jusqu'en 1914 à la richesse du pays. C'est dans cette région que les caboteurs catalans, basés sur la côte de Barcelone, venaient relâcher pour y débarquer leur fret. Les chargements d'oranges en provenance de

Double page suivante

Silhouette oubliée, formes étonnantes, le houari ciotaden gagne le large dans la brise mourante du soir... Autrefois simples bateaux de pêche armés en plaisance, les ciotadens ont évolué vers des machines de course à la curieuse silhouette, sous l'influence d'un règlement de jauge qui ne prenait en compte que la longueur « de tête en tête ».

CIOTADEN

Ci-contre

L'arrière rentrant, caractéristique du Ciotaden, *engendre un gouvernail aux formes originales.*

À droite

Le capian en cimeterre et l'étrave inversée du Ciotaden.

Ci-dessus

Le pointu de Saint-Aygulf aura été le dernier chef-d'œuvre du charpentier de marine niçois Raphaël Autiéro. Grâce à cette construction dans le cadre du concours « Bateaux des côtes de France », toutes les vieilles techniques des charpentiers de navires méditerranéens ont pu être soigneusement recueillies.

À droite

Catalane courant au grand largue, toute voile déployée : la beauté des gréements latins revit enfin dans sa plénitude à l'occasion de nombreuses fêtes organisées tout au long du littoral méditerranéen, de Barcelone à Nice.

la plaine de Valence restent dans les mémoires. Les Catalans allaient jusqu'au port de la Joliette à Marseille pour y débarquer leur précieuse cargaison.

Le grand port méditerranéen était le royaume des tartanes travaillant à la voile jusqu'en 1905, puis converties en chalands à l'époque de la vapeur et tractées jusqu'en 1930. Du port de l'Estaque, ces bateaux pouvaient être également utilisés pour transporter du fret en tout genre, en particulier les tuiles du pays fabriquées dans les usines disposées autour de Marseille.

En fait, comme sur les autres façades maritimes, chaque région connaît ses propres navires aux noms souvent évocateurs : nacelles du Languedoc, bateaux-bœufs de Sète, bettes provençales, pointus, gallines niçoises. Au large, la Corse dispose de ses propres traditions. Ses habitants se sont longtemps contentés des richessses de l'intérieur, mais leur situation d'insulaires les met quotidiennement au contact de la mer. Il est naturel que la pêche côtière se soit développée autour de ses côtes poissonneuses.

Double page suivante

Gros plan sur l'étrave d'une barque catalane avec ses étoiles votives, son capian, ses hautes fargues latérales et sa voile latine largement ouverte pour ce bord de vent arrière.

SETE

À gauche

Le pont d'un yacht à la Nioulargue.

Ci-dessous

Grandes goélettes de plaisance en régate devant Saint-Tropez lors de la Nioulargue, *splendide rassemblement de yachts anciens organisé chaque automne dans le vieux port corsaire de Provence.*

Double page suivante

Pen Duick, *avec sa coque en polyester moulé, soigneusement terminée en bois et son gréement agrandi en hauteur, ne laisse pas d'être impressionnant par petit temps.*

92

Ci-contre

En Corse, quelques bateaux anciens du type felouque pratiquent encore les métiers traditionnels, telle la pêche à la senne à bras, dite ayssaugue, à l'aviron comme depuis la nuit des temps.

Ci-dessous

Petite barquette d'Ajaccio avec sa nasse tressée caractéristique. Qu'il soit professionnel ou plus souvent amateur, le pêcheur du Midi reste fidèle à sa barquette – motorisée – et à ses engins de toujours. En Méditerranée, la pêche traditionnelle est un univers particulièrement stable.

LIEUX

NOMS DE BATEAUX

TYPES DE BATEAUX

Maquette ex-voto du Saint-Jean*,*
dundée thonier groisillon, conservé
à la chapelle du Méné sur l'île de Groix.

Les prises de vues ont été réalisées avec un ***Nikon F4***.
Films **Fujichrome** ***Velvia 50*** et ***Provia 100***

Maquette ex-voto conservée

à la chapelle de Tremorvezen à Nevez

Imprimé en Italie sur les presses

de Grafiche Milani, Segrate, Milan

Dépôt légal : 01825-juin 2000

ISBN : 2.85108.979.X

34.1141.0